새잎

손제섭 시인은 1960년 경남 밀양에서 태어났다. 2001년 ≪문학과의식≫으로 등단하여 시집으로 2002년 『그 먼 길 어디쯤』, 2010년 『오 벼락같은』을 출간했다.

hinnu2@hanmail.net

리토피아포에지 · 109
새잎

인쇄 2020. 11. 12 발행 2020. 11. 17
지은이 손제섭 펴낸이 정기옥
펴낸곳 리토피아
출판등록 2006. 6. 15. 제2006-12호
주소 22162 인천 미추홀구 경인로 77
전화 032-883-5356 전송032-891-5356
홈페이지 www.litopia21.com 전자우편 litopia@hanmail.net

ISBN-978-89-6412-138-2 03810
값 10,000원

이 도서의 국립중앙도서관 출판예정도서목록(CIP)은 서지정보유통지원시스템 홈페이지(http://seoji.nl.go.kr)와 국가자료종합목록 구축시스템(http://kolis-net.nl.go.kr)에서 이용하실 수 있습니다. (CIP제어번호 : CIP2020046043)

손제섭 시집

새잎

리토피아
LITERATURE & UTOPIA

시인의 말

돌고 돌아 육십갑자六十甲子를 맞아 세번째 시집을 낸다.

다시 태어난다라는 의미로 제목을 '새잎'이라 붙인다.

십년만에 지어 보태는 문장文章이지만 분간分揀할 수도 분별分別할 수도 없기는 그때나 지금이나 마찬가지다.

지난날은 경이驚異로웠다.

그 경이驚異에 경의敬意를 표하고 나니 그저 무덤덤해진다.

내일 혹 뼈아픈 감동感動이 찾아온다 해도 오늘은 그 무덤덤함을 찬탄讚嘆한다.

덧붙이자면 이 시집이 나옴으로 육십 내내 본정말정本正末淨이라 믿고 따라온 삶이 훼손毁損 되지 않기를 바랄 뿐이다.

2020년 9월

손제섭

차례

제1부

제2부

제3부

제4부

| 제1부 |

몽산포 타령

몽산夢山을 걸었네

사구沙邱에서 춤을 추네

누군가를 보았고

누군가를 잊었네

몽산포 흰 모래가 웃었고

몽산포 붉은 바다가 울었네

소슬한 꿈속의 꿈이었네

이름 모를 별

할매 내가 왔다
한이가 왔다
심봉사 청이 만난 것처럼 눈 떠라

달래 뿌리 같은 머리를 이고 쥐똥나무 열매 같은 이빨을 물고 녹슨 호미 같은 귀를 달고도
나 못 보면 눈 감지 않겠다던
할매 이제 눈 떠라

할매 내가 왔다
한이가 왔다
굳은 혀를 풀고 이제 말해라

철없는 흔들림으로 한때 자갈길을 달리고 적막강산을 당나귀처럼 달리며 끼룩끼룩 울었던
내가 왔다
할매 이제 말해라

할매 내가 왔다
한이가 왔다
한생을 지고 온 밥그릇 내려놓고 하늘로 가라

여기 낯익은 사람들 모여
촛불 켜고 향 피우는데
저만치 이름 모를 별 하나 지네

저 별
가슴에 담아 둘게
할매 이제 하늘로 가라

정情

—아우 복도에게

씨왈거리는 남도 사투리로
밤늦도록 퍼대다가도
전봇대를 애인인 양 오래 끌어안아 보다가도
마흔 넘어 얻은
미루나무 연초록 이파리 같은
내 새끼 자는 집으로 가야 한다고
천둥처럼 지르는 소리에는
허풍은 간데없고
순정이 넘치는데

난초 같은 색시가 아침상을 보는 동안
'사람끼리 서로 정情이란 놈이 없으면 무슨 재미여'라고
한소리하고 뒤로 자빠져버리는 통에
돌 지난 막둥이가 아가리를 있는 대로 벌리며 우는 모습이
그 아비에 그 아들이라
아!

참말로 맥박이 뛰는

조선朝鮮 남아의 정情이여

그 집

문을 열자
운동화 한 켤레 옥잠화처럼
배시시 웃고 있는
내 영혼이 내릴 자리
굽 닳은 구두를 그 곁에 나란히 벗어둔

이별의 품사

꼭꼭 입 다물고

숨을 죽이고

이제 그만 고개를 돌릴 때

동백이 진다

누군가를 보내는 일

누군가 다시

도돌이표처럼 돌아온다면

명치끝에 걸려 하지 못했던

눈물의 그 말 한마디

장마

몇 날 며칠을
키 높은 담장 밑을 서성이다 돌아온 날을
되돌릴 수 없는 시간을
이 비는 안다

열리지 않는 창문이 울었고
흔드는 것은 흔들리는 것보다
더 아픈 소리를 내는 것을
이 비는 안다

어느 생 어느 쯤에
그렇게 불타오르던 날이 있었던 것을
아무것도 아닌 것이 되어서 사라져버린 것을
이 비는 안다

화무십일홍

꽃이 핀다 피어라
달이 뜬다 올라라

한 열흘 피고
한 열흘 올라라

술병이여 쓰러져라
만삭인 몸이여 열려라

쏟아져라 오줌이여
분별없는 생生이여

꽃잎이여 떨어져라
만월이여 흘러가라

실상사 · 2

헤매는 길 끝자락
빈 들 위
외딴 절

흙더미에 비 스미듯
범고소리
온몸에 퍼지고

이마 흰
석등 앞
그림자 하나

먹물처럼
캄캄히
나를 물들이고

버릴 수 없는

긴 날들이
초롱을 켜면

옹이 패인
일주문 문턱에
고이는 인연

논물 대기

왜 자꾸 이 일은 안 잊히는지 몰라
석 달 열흘 비 구경을 못해
소금쟁이 물거미 미꾸라지도 숨어버리고
녹음방초 요란하던 논두렁조차 말라버린
용짐등대* 사래 긴 우리 논을 지나
초등학교 이학년 학교 갔다 오던 길
봇도랑으로 물이 콸콸 흘러와
갈라진 논바닥 새들새들한 어린 모들
땡볕에 꽁꽁 막혀 있던 물꼬를
얼굴이 벌겋게 익는 줄도 모르고 열어놓고 집에 왔는데

컴컴한 마루에서 식구들이 수제비를 훌쩍거리는 저녁
불콰하신 아버지
안마당으로 발을 들여 넣기도 전에
'낮에 등대 논에 누가 물 댔노'
수건을 벗어 탁탁 틀며 못들은 척 마당으로 내려서는
어머니와 누나도 형도 모르는 얼굴

'학교 갔다 오다가 지가 했는 데예' 흐려지는 말꼬리
'섭이 니가 했더나'
'니가 진짜 농사군 아들인기라'
매캐한 모깃불 연기 속에 아버지의 흡족한 얼굴

'벌금으로 내 막걸리 열 말을 내면 어떠노'
'내 논에 나락 안 죽는 게 낫지'
아버지의 호기 어린 목소리 뒤로
'막걸리 두 말이 대수겠어요'
'이렇게 새끼 커가는 보람이 있는데'
조용조용 들리는 어머니 목소리에
가물가물 잠 속으로 빠지는 순간
갑자기 별똥별이 한 아름 쏟아져 내리던
푸르고도 환한 그 밤

* 필자의 고향 마을 이름.

돼지부속을 먹으며

—현석 아우에게

뽈살에 상추쌈이요
막창에 마늘싹이니
염통에 파서리 한 입 터지게 밀어 넣더니
하시는 말본새 좀 보소
들면 술잔이요
내리면 빈잔이니
심심하면 석잔이요
작심하면 한 됫박이라
잔을 꺾는 인간은 거시기가 부러져
삼대가 자손이 없을 팔자인 거여

애기 볼에 콩나물이요
껍데기에 소금쟁이니
오소리감투에 생김치를 덮어 걸친 뒤
하시는 말씀이 가관이라
경젠가 뭔가 좀 살아나야

이 장 저 장 떠다니는 장꾼들 발걸음도 가볍고
막일 다니는 나 같은 놈
소태 같은 길영이 형님 가게에 와서
소주라도 자주 마시고
울화라도 풀 수 있지

순대국에 밥 말아 먹고
소맥잔에 입을 행구며
하시는 말씀이 아름다워라
어두컴컴한 이눔의 세상
몇 날 며칠 공을 쳐도
삼시 세끼 밥만 굶지 않으면 복중에 제일 복인데
맑고도 은은한 날 다시 와서
세상살이 모든 걱정
이 순대국처럼 푹 삶아 낸다면
어제 죽은 놈 다시 살아나겠네

여수 밤바다

좌수영 음식 문화거리 복춘식당에서 서대무침과 잎새 소주 두어 병에 얼큰해집니다
계산대에 앉아 배시시 웃는 할매 사장님 어디서 많이 본 듯한 얼굴입니다

발걸음을 못 가누며 헐렁거리는 그림자를 끌고 오동도로 갑니다
애교 만점이던 옛날 애인처럼 반짝거리는 동백을 보자 그해 겨울이 생각납니다

미주알고주알 고시랑거리던 그 여자
내 몸이 제 몸에서 빠져나오자 짙은 남도 사투리로 나를 나무라던 그 여자
귀엽고 쪼깐했던 그 여자
복춘식당 할매 사장님을 닮았던 그 여자
선창가 여관방 아랫목에서 듣는 통통배 소리처럼 나를 가물거리게 했던 그 여자

돌산대교 밑 유람선에서 날라리 소리를 내며 불꽃놀이가 한창일 때
향일암 너머 설거지를 마친 초승달이 눈을 비비며 나오는

동백기름처럼 노란
여수 밤바다입니다

법주사 보리수나무

가을 햇살 좋은 날
그 나무 아래 섰습니다
내 머리카락에 내린 세월이 그 나무에도 왔다 갔는지
예전의 푸르고 찬란한 모습은 오간 데 없었습니다
나는 늙은 두보처럼
그 나무 아래 가만히 눕습니다
그 나무는 마치 어미처럼 내 얼굴을 쓰다듬으며 어디 아픈 데는 없냐고 묻습니다
'없어'라고 말꼬리를 내리는 순간 지나간 삶의 마디들이 툭툭 일어납니다
일부러 그런 것도 아닌데 사지를 뻗고 누운 귀 뒤로 눈물이 흘러내립니다
'울지 마라 울지 마라'
'곡절 없는 사람이 어디 있다고'
그 나무는 무릎베개를 해주며 내 머리카락을 쓸어 주며 말합니다
갑자기 마른하늘에 소나기가 쏟아집니다

나는 몸을 일으켜 대웅전 처마 밑으로 몸을 피합니다
'가지 마라 가지 마라'
'숨기고 살지 못할 거라면'
'여기 내 그늘에 두고 가라고'
그 나무는 말합니다
비를 그은 후 나는 그 나무 아래로 가서
시든 잎을 만지고 또 만지다가
늙은 두보처럼 다시 눕습니다
그리고는 몇 번이나 뒤척이다 그 나무 너머 파란 하늘을
쳐다봅니다
남루한 사내 하나 가을 햇살에 말라가고 있습니다

여수旅愁

이제 그만 하면서
눈을 감으면
눈물 고운 당신 자꾸 열어져 가네

청어 가시처럼 까실까실한
당신의 잔소리나

달래 뿌리처럼 쌉싸래한
당신의 입맛이나

농익은 참외의 곰삭은 듯한
당신의 땀 냄새나

국수 가락처럼 잘 부수어지던
당신의 사랑도

그럼 이만 하면서

돌아누우면

눈물 고운 당신 자꾸 희미해져 가네

새잎

비 그치자
꽃 진 자리에 서서
입김을 불어 봅니다

적막의 틈새로
새잎이 돋아납니다

누구한테도
눈에 담기지 말기를 간절히 빌어 봅니다

잃고 말고 할
아무 일 없이 자라나기를 두 손 모아 봅니다

해 지자
붉은 자리에 서서
마음 저 안의 일을 되짚어 봅니다

오래된 이름

조용히 조용히 한 사람의 이름을 부른다

오래된 이름이다

어느 생의 하루만큼 길며

그 하루의 마른기침처럼 잔잔한 이름이다

멀리서 아득하게 들리지만

다가오지 못한 이름이다

누군가의 생애가 다 들어간 이름이다

이제 지워진 몇 줄의 문장으로 남을 이름이다

고여 있는 사람

내 눈에 초록으로 고여 있는 한 사람 있다

애기똥풀 미나리아재비 구름풀꽃 같은

작고 푸르고

여린 이름으로

내 안에 백 년 전부터 고여 있는 한 사람 있다

남향南向집

아침햇살 같은 밝음과

도다리쑥국 같은 맑음으로

내 적막의 무늬를 닦아 주는

내 안에 나를 고여주는 한 사람 있다

| 제2부 |

단꿈

퇴근 후 전철 손잡이에 매달려 제크의 콩나무 줄기를 타고 오르며 그리던 나의 그림은

나무 잎사귀 촘촘한 사이로 햇살이 파고드는 남향의 스물네 평 짜리 아파트 한 채

그 안에서 박하사탕처럼 새콤달콤한 여자가 치즈 같이 말랑말랑한 손으로 집어주는

체리를 씹다가 과즙이며 껍데기를 볼때기에 붙인 채 보라색 입술로 가랑가랑 잠이 드는 것이다

몽촌토성에서

그래요
초록에 눈이 멀 것 같은
지금은 꿈을 꿀 시간이에요

굼뜬 손가락으로
밀가루처럼 하얀 오후를 치대어 봅니다

꽃무늬 셔츠를 입은 당신의 품안에서
고구려 왕자와 백제 공주
마부와 당나귀
창과 방패
함성
탄식

그다음,

지팡이를 짚은 당신의 발밑에서

흩어지는 그림자
실타래와 명주실
새 한 마리
북소리
문장

잘 개어진 밀가루 반죽 같은 오후가
한 송이 칸나로 피어납니다

그래요
고요에 귀가 멀 것 같은
여기는 내가 나를 꿈꿀 곳이에요

김치국물

—성은 아우에게

그는 좀 허술해 보일 때가 있다
김칫국물을 흰 셔츠에다 묻히고 다니는 건 보통이며
바지에 단추를 채우지 않는 날도 허다하다
심지어 잇새에 고춧가루를 묻히고도 큰 소리로 웃어댄다
그건 그의 두상의 모양새가 남달라서인지도 모른다
그의 두상은 공자님의 그것을 빼어다 박은 듯한데
가끔 술자리에서 그의 구강에 엔진을 다는 날에는
우리는 그저 공자님의 어린 제자가 될 뿐이다
우리의 생사여탈은 그의 아귀에 있음은 두말하면 잔소리다
내포 사람 특유의 걸쭉함에 느림의 미학을 더하고
가리고 가려서 아껴둔 머릿속의 먹물을 발사하는
그의 전매특허를 우리가 당해낼 재간이 따로 없기 때문이다
우리가 뻣뻣해질 때마다 고개를 숙이게 하는 김칫국물 같은
그의 매력 앞에 조용히 엎디어 고백할 뿐이다
나온 배를 내밀며 뒤뚱거리는 그에게 더 가까워지고자 말

이다

그가 단 한 번도 모임에 빠진 적이 없을뿐더러

지각 한 번 한 일이 없는 것만 보더라도

그가 얼마나 단단한 사람인가 가늠할 수 있기 때문이다

빈틈없이 곳간을 채우고도 짐짓 모자란 척하는

그의 여유를 볼 때마다 우리는

그를 진짜 공자님으로 착각하는 것이다

입

—일규에게

찰방찰방 꾸며 놓고
간들간들 씹어 먹다
넙죽넙죽 받아 넣고

너울너울 풀어내다가
복닥복닥 볶아대다가
출렁출렁 쏟아버리면

후룩후룩 짬뽕 한 그릇을 해치우고도
불뚝불뚝 부르던 배가 고파서
살짝살짝 여기 자장면 곱빼기 하나 더 수줍게 말하면

바글바글 햇살 오백 근에 수수알이 꽝꽝 여물어지고
바삭바삭 바람 오백 근에 깨꽃이 하얗게 피어나고
들썩들썩 아주까리 어깨춤을 추는데

〉

울퉁불퉁 뚝배기 같은 저 순한 얼굴에 붙어
깜짝깜짝 웃고 울리는 그의 입은
꿀떡꿀떡 달고 맛있는 우리들의 이야기 통이다

갯벌에서

속수무책으로 따라 들어온 물 나간 자리 장딴지에 푸른 정맥을 붙인 채 엉거주춤 자세를 낮춘다

뻘밭에는 쫓고 쫓기는 것들과 흐느적이고 벌름거리는 것들과 헤집고 긁고 토하는 것들이 뒤섞여 길을 내고

수만 개의 작은 길들이 나 있는 갯벌은 돌아와서 닿는 것들과 기다리다 돌아가는 것들의 숨 고르기가 한창이다

바람이 슬쩍 지나가자 질척거리는 아랫도리와는 달리 내 혼이 점점 맑아져 가고

불안정한 걸음으로 먼 것들을 향해 걸어나가다 다시 가까운 것들에게로 돌아오고 만다

아시아실잠자리

여름 못이 잠들어 있다
노랑어리연꽃도 잠들어 있다

아시아실잠자리 한 쌍이
허리를 둥글게 말아서 서로의 마디마디를 파고든다

부들이나 자라풀 퉁퉁마디가 몸을 비비고
물옥잠화도 배시시 웃는다

점 하나라도 찍었을까
며칠 후 죽을 짝짓기

석탄기 때부터 나서 죽고 나서 죽은
아시아실잠자리 한 쌍이 여름 못을 달군다

달빛

—보원사 폐사지에서

드문드문 붙박이별 몇 개가 돋아나는

무너진 석탑 아래

저묾이 깔린 그 저묾 속

벌레들까지 입을 다문 저승의 한 모퉁이

늙은 감나무 가지에 거미줄처럼 걸린

천 년 세월

그 아래 신음도 없이 서 있는

한 사내의 살가죽 위로 떨어지는

달빛 한 가닥

혼자 부르는 노래
—열두 개의 가방

짧고 긴, 꿈 열두 개 꾸었어요
안절부절한 꿈 열두 개였어요
둥글었다 여윈 꿈 열두 개였어요

열두 개의 초록 넥타이는 얌전했어요
열두 개의 붉은 립스틱이 발광했어요
열두 개의 노란 손수건이 외면했어요

열두 개의 여름이 지나갔어요
열두 개의 달빛이 피어났어요
열두 개의 파문이 일어났어요

별이 돋는 하늘 열두 개 보았어요
꽃이 피는 햇살 열두 개 먹었어요
神이 앉는 계단 열두 개 조용했어요

벚나무집 복실이

복날 친구들 몇이 어울려 기어이 놈을 해치웠다
주둥이가 새까맣고 흰 털에 윤기가 자르르한 그놈을
소주 몇 홉과 실없는 농담을 양념에 섞어
놈의 살이 무슨 천하제일 보양식인 양
얼굴에 개기름을 질질 흘리며

가끔 머리를 쓰다듬으면 내 손을 핥아 주기도 하고
내 무릎에 두 다리를 올리고 아양을 떨던 그놈
담벼락 그늘에 졸다가도
내 발자국소리만 들어도 일어나 꼬리를 흔들던 그놈
이제 영영 이별이로구나

한 이틀은 그놈 덕에 밥상이 달라지기도 하였다
모처럼 큰소리치며 가장 노릇에 충실하기도 했다
놈이 마당에 엎디어 해바라기 하는 모습이
내 머릿속에서 빙빙 돌아다니기 전까지는
아직 내장에 달라붙어 나를 불끈거리게 하던 살점 몇 점을

똥물과 함께 게워내고 온종일 신열에 시달렸다

며칠 후 벚나무집 마당에 들어섰을 때
눈을 어느 쪽으로 두어야 할지 잠시 허둥거렸다
학생복실신위라 적고 유세차 축문을 읽었다
평소 그놈이 좋아하던 오리고기 몇 점을 놓고 삼배하면서
내 죄를 사하여주고 부디 극락왕생하라고 읊조렸다

언제일지 몰라도 내 인생을 마감해버릴 때가 오면
그놈이 내게 했듯 나도 남은 시간에게 아양을 떨어 볼 참이다
세상에 나서 잘한 짓 하나 없는 나 같은 사람에게
다른 생애를 또 준다면 해와 달이 자리를 바꾸듯이
내가 벚나무집 복실이가 되어 살아보겠다고 말이다

버찌가 익어갈 무렵

몽롱해진다 버찌야

이 나무 아래 서면
그림자와 침묵뿐

문득 보인다 버찌야

점점 살이 차오르는
몸뚱이에 새긴 문신

고양이가 지나간다 버찌야

도돌이표처럼
그 사이 그려지는 삽화 한 장

얼굴 하나 파묻는다 버찌야

적막하고 캄캄한 길
초록 비 오는 이 나무 아래

눈발

신묘 정월 초하루
제주 약천사에서 백팔배 하다

타들어 가다 만 향불 앞에서
삭이고 삭인 생각을 또 삭인다

저 향불 타는 시간만큼만 살았더라면
절망과 회한이 따로 있었을까

살아 안착을 못하는
나는 죽어 새가 되려나

법당 밖에는 벌써 싹을 틔우느라
용트림을 하고 선 동백나무

그 위로 쓰러지는 초저녁 눈발
누가 죽어 저렇게 태어났을까

향의 길이만큼도 아닌
저 눈발만큼이면 족하다고 중얼거리는데

버릴 것 다 버린 새떼들이
숲을 떠나 저녁놀 속으로 빠져든다

양송정* 옛집

어머니 칠 년 먼저 가시고 아버지 나중 따라가신 양송정
옛집을 오랜만에 찾는다
담벼락에 박힌 애기똥풀이 아랫입술을 내밀며 반긴다
목에 걸린 알약 같은 기억 하나 튀어나온다

일학년쯤이었던가
외삼촌이 집에 놀러 오셨을 때
한 잔 먹세 그려
누나들은 다 어디로 갔는지
아버지 막걸리 심부름을 갔다 오다
나 먼저 취해
슬거덩 개골창에 빠졌던 날
어머니 콩 갈던 손으로
내 정수리에 된장을 발라주며 하시던 말씀
명천明天 하늘님
우리 섭이 내일 자고 나면 씻은 듯이 낫게 해주이소

흰머리 칼 속에 그 흙터 아직 남아 있는데 그 오후의 따스한 빛깔과 맑은 하늘은 간데없다

그날 그 목소리 간절하여 토방에 걸터앉는데

팔풍장*에라도 다녀오시는지 분 바른 고운 어머니 마당안으로 들어오신다

* 필자의 고향마을 이름.

넙치 몇 마리

바다에는 어선 한 척
하늘에는 새털구름

어디서 낯익은 놈
그 새 안면을 튼 놈

몇 마리는 춤을 추고
두서넛은 꿈을 꾸고

십 년이 지나

십 년 전 순천만으로 갈대 구경을 갔던 가을날이었지요 한쪽으로 모가지를 숙이는 갈대숲길을 당신이 앞장서 가고 내가 느릿느릿 따라가는데 갑자기 시간이 딱 멈추어 서버린 듯했었지요

아직 도달하지 않은 어느 때의 한순간이 미리 와 있는 듯했지요 시간을 건너뛴 게 분명한 길을 눈꺼풀 쳐진 수 노새 한 마리가 적갈색 눈이 깊은 암노새 한 마리를 따라가고 있었지요

방향 하나 틀지 않고 당신 등 뒤를 따라온 그 길이 어디서 어떻게 어긋나버렸는지 그 수수께끼를 풀지 못해 흔들리는 갈대가 되기도 했었지요

당신을 따라가는 길이 가장 간절한 나의 길이기를 원했던 그 일은 사람과 사람 사이의 일이 아닌 시간과 神의 일이라는 것을 십 년이 지나 아슴아슴 알게 되었지요

이런 날

며칠째 비가 오락가락하여
이도 저도 심심해서 부침개라도 부쳐볼 요량으로
호박과 고추를 썰고
당근을 썰다 손톱을 썬

이런 날
부침개 반죽은 간이 덜 되고 묽기만 해서
달콤 매콤하기는커녕
그와의 연애처럼 싱겁고 밋밋하여

이런 날
화단의 달리아와 맨드라미 발목에 붙은 흙처럼
날이 맑으면 부서져 내릴 것 같은 그대
잘근잘근 내 명치끝을 밟으러 온다면

뜨겁고 쓴 부침개 쪼가리를 한 입 물고
쪼그라든 허파를 부풀리면

달구어진 프라이팬 속의 식용유처럼
펄펄 끓으며 비장한 척이라도 해 볼까

옛집

돌확으로 눌러둔 한 사람을 보러 오는 먼 길이다
담장 밑 분꽃 몇 포기와 눈을 맞추는데
누군가 휘적휘적 걸어 나오다가
감나무 그늘 속으로 사라진다
이마를 덮는 풀을 헤치고
물고랑이 난 마당을 걸어
틈새 벌어진 마루에 사지를 뻗고 눕는다
잠시
무언가 나무라는 귀에 익은 잔소리들 뒤에
맨 낯을 감싸주던 곤한 손과
나지막이 달래주던 말
이내 처연해지고
눈덩이가 붉어진다
한때는 닦고 또 닦았던 옛집 마루에
저묾이 고여든다
등허리가 점점 써늘해지고
껌껌해진 한참 뒤에도

돌확 밑에 숨겨둔 한 사람
기척이 없어
눈 꾹 감고 돌아가는 길이 또 얼마나 멀 것인가

모자

학교 파하고 팔풍 장터* 지나 집에 갈 때 손가락에 걸어 빙빙 돌리다 봇도랑에 빠져 버린 모자

용전 다리* 십 리를 지나 남천강변 쑥덤불 밑에서 잠시 쉬었다 남태평양 한가운데까지 닿아 민들레 홀씨 타고 명왕성까지 올랐을 모자

어떤 날은 벼락을 맞아 내 심장처럼 검게 탔을 모자 서러운 사람 서러운 사연 낱낱이 담아 대신 울어주었을 모자

구만九萬 재 넘어 소풍 가던 봄날 툭 터진 두릅나물을 따 담아 푸른 아지랑이로 덮어둔 모자 다시 한 번 써 보고 싶은 그 모자

* 필자의 고향 마을 이름.

| 제3부 |

고백

구정물이라고
폐도廢道라고 말한다

지랄염병이라고
구겨진 은박지라고 내뱉는다

열중할 수도 물러설 수도 없었던
당신의 흐린 안색 앞에서

아무것도 아니라고
그저 하루하루 늘어지는 봄날이라고

내 거친
우랄알타이어는 말한다

오래된 마당

까까머리들이 이회택이 가마모토보다 백배나 더 공을 잘 찬다고 침을 튀기는 그 마당으로 나갑니다
조갈증으로 늘 오줌이 마려웠고 머리에 버짐이 피기 시작하던 그 곳으로요

조무래기들이 똥껌을 짝짝 씹으며 대문니 사이로 침을 찍찍 내뱉으며 비석 치기에 열중해 있는 그 마당에는 '아가야 나오너라 달마중 가자 앵두 따다 실에 꿰어 목에다 걸고'를 반복해 부르는 단발머리들의 고무줄 뛰기도 한창이었습니다 곳수염이 거뭇거뭇하던 형들이 날리는 휘파람소리를 십칠 세 누이들은 은밀히 듣고 있었습니다 누이들 치마 속을 드나들며 소문을 물어 나르던 굴뚝새들이 내 어지럼병을 도지게 하고 있었습니다

나는 기색도 없이 나를 쳐다보던 한 가시내의 손을 잡고 잠이 들고 싶었을지도 모를 그 오래된 마당 안에 갇혀 있습니다

아직도 다 풀지 못한 내 궁금증은 이 마당 안에서 갈팡질팡 거리고 있고요

유월에 쓰는 편지

뒷산 절에서 내려보내는 법고소리에 밤꽃들이 머리를 풉니다
온 마을이 푸른 부족처럼 변해갑니다

담도 울도 없는 집 주변 감나무와 밤나무들이 서로를 물들이는 그늘 속으로
허정허정 들어갑니다

가지와 가지 사이 이파리와 이파리 사이로 파고드는
곡절 깊은 뻐꾸기 우는 소리에 뜬금없는 외로움과 슬픔이 몰려옵니다

그 그늘에 아무도 모르는 이름 하나 적어 놓습니다
그 위로 머리를 푼 밤꽃이 떨어져 내립니다

해거름이 되자
그늘은 짙어지고 이름은 희미해져 갑니다

〉

한 자리에 고이지 않던 빼꾸기 소리도 그치고 저녁이 되고
산에서 내려오는 법고소리 이명耳鳴처럼 들립니다

달이 뜨고 천지사방 고요가 고요를 낳고
나의 한적閑寂함도 더욱 커갑니다

저 밤꽃 다 지기 전에 저 빼꾸기 울음 끝내 마음이 닿기 전
한 번 다녀가시라는 기별 유월 바람에 실어 보냅니다

유언遺言

열이 삼십구 도 오 부를 오르내리시던 아버지 허연 저승길이 보이시던지 미루고 망설이던 말 하나둘 내보이시는데

시방 소를 몰고 뒷밭에 나가시는지 소 울음소리를 내시다가는 닭을 팔러 장에 갔다 오시는지 장닭처럼 푸들거리시는데

으스름 때쯤 거나한 약주 냄새를 풍기며 나들이 갔다 돌아오실 때처럼 언제나 그랬듯 큰 누나를 먼저 부르시는데

두루마기자락에 매달려 눈깔사탕을 받아먹던 막내가 살구나무 아래서 발을 동동 구르며 부르는 단말마 '아부지이'

노을 속으로 슬슬 뒷짐을 진 채 아래 논배미로 물꼬를 낮추러 나가시는 아버지

식구들은 해 질긴 모내기 철 윗 논배미에 가득한 개구리 소리 같은 울음보를 터트리는데

설날 아침에 · 2

태어난 지 육십 년이 다가왔음으로
머리가 하얗도록 잤다

태어난 지 육십 년이 넘었음으로
아침은 일면식도 없이 왔다

태어난 지 육십 년이 다 되었음으로
복권에 당첨되었다는 연락을 받았다

태어난 지 육십 년이 흘러갔음으로
아직 직접 듣지 못한 파두를 틀었다

태어난 지 육십 년이 지났음으로
다시 거실의 행운목에 물을 주었다

우리라는 이름의 당신

—故 엄창호 회장을 추모하며

기억이란 오지 못할 누구를 기다리는 방식이라는 걸 당신이 가고 난 다음 우리는 알고 말았지

가여운 시간이여

그래서 우리는 우리의 죄를 몰랐기 때문에 몰랐다는 사실까지 곱절로 늘어남을 알고 말았지

가여운 운명이여

당신은 잘 생기거나 키가 크고 매력이 있는 것도 아닌 보통 사람이었습니다 약간 게으른 듯한 몸에 나쁘지 않은 머리에다 박하처럼 싸한 성격이었습니다 운동장에서 공을 찰 때 상대가 당신을 등지는 순간 당신은 벌써 상대 앞으로 나아가 통렬한 왼발 슛을 날리는 모습은 우리를 백번 반하게 하기에 충분하였습니다 우리들의 문장이 이만큼 졸렬하고 인색하더라도 싯누런 웃음 한 번 흘리고 말 진짜 강원도 사나이였습니다

>

공을 같이 차고 일을 같이 하고 뜻을 같이 했던 사람 열
일 제쳐 두고 여기 다 모였지
가엽고도 환한 밤이여

평소 당신이 좋아하던 제육에다 해물을 섞어 우리는 당신
의 넋을 마시고 또 마시지
가엽고도 절실한 마음이여

오늘 서투르고 겁 많은 인간이란 이름의 우리들은 여러
가지 우리를 닮았던 당신을 추억하며 고통에 떨고 있지
가엽고도 아름다운 삶이여

희고 고운 모습으로

—시집가는 딸에게

자두처럼 동그만 얼굴 반쯤 가리고
수줍은 듯 가네

날계란처럼 희고 고운 모습으로
눈망울 맑은 사내에게로 가네

마늘쫑처럼 씽씽한 향기를 내며
콩잎같이 짙푸른 청년에게로 가네

남색치마 분홍저고리를 입고
천 근짜리 머슴아에게로 가네

작은 새처럼 여리고 여린 걸음으로
수줍은 듯 가네

자욱하고 아득한

먼길을

입안에 신침을 고이며
가만히 인연의 길을 따라 가네

가지

산에서 내려오다가
가지 한 바구니를 샀네

생전 유난히 가지무침을 좋아하셨던
아버지 생각이 나서

어릴 적
여름저녁 밥물 잦는 밥솥에서 익어가는

푸것들 냄새
밥물 냄새

한입 가득 가지무침을 입으로 밀어 넣던
아버지의 굽은 손가락

연하고 물렁 달착한 가지무침처럼
살다 가신 아버지

이 가지를 먹으면
아버지를 닮아 가겠네

순하고 순하게 살다 가신
싸리꽃처럼 잔잔했던 아버지

수국이 피는 저녁

명랑한 바람이 부는
한여름 저녁 여섯 시
친구들 모인 자리

거기
친구들 머리 위로
흰 수국 한 송이씩

피어나고 있었다

살아온 날들이
기적 같은 날들이
저녁별처럼

육십갑자를 지나가는
저녁 한때

오동나무 같은 우정이

피어나고 있었다

일빠*의 꿈

술자리에서 친구가 말한
일빠를 생각하며 잠이 들었다
꿈을 꾸었다
지난 시절 몰락하던 꿈과는 달리
잘 정돈된 꿈이었다
일빠가 살아나서 누군가를 덮치며
파도를 타고 넘는 꿈이었다
누군가의 늪에서는
난타소리 가득한 꿈이었다
우아한 꿈이었다
일빠의 꿈이었다

* 남성의 부풀어 오른 성기를 말하는 은어.

송편

쌀색이나
쑥색이나
호박색이나
다 고운 인연이에요

깨맛이나
콩맛이나
팥맛이나
다 속 깊은 친구들이에요

오세요
여기 좀 앉았다
놀다 가세요
팔월 한가위예요

서른의 리이

붉은 아오자이를 입고
쏭바를 건너온

시들은 첼리 같은
유두를 달고 있는

서른의 리이

루부라플로베리아*
꽃 이파리 같고

어둠 속의
흰 달빛 같은

서른의 리이

운명처럼 살자 하는

얇은 보조개와

추억에 매달리는
우수 어린 눈동자

서른의 리이

세 치 혀로
나를 달래고

이 밤도
안녕을 말하는

서른의 리이

* 베트남 국화.

대부섬 바위

—만경 형에게

대부섬 방아머리
둥근 원圓 자처럼 앉아 있는 바위는
지나가는 사람들
얼굴과 얼굴을 마음과 마음을
다 알아주고 다 읽어 줍니다

늘 그럼 하면서 고개를 주억거려주고
늘 그럼 하면서 손을 맞잡아 주고
늘 그럼 하면서 노래를 불러 주고
늘 그럼 하면서 눈물도 흘려 줍니다

떡쌀처럼 희고 두툼한 바위
솔향기를 내뿜는 바위
달빛 어리고 은물결 잔잔할 때
저 바다를 두고 소리 한 번 지르면
선재도 넙치새끼도 힘껏 헤엄쳐 오고

구봉도 노루귀도 나붓나붓 걸어오고
황금산 팥배나무 하얀 꽃잎까지 날아옵니다

대부섬 해솔길
옳을 의義 자처럼 서 있는 바위는
일만의 파도가 제 몸을 때려도
모두와 모두의
여럿과 여럿의
환하고도 슬픈 이야기를 기억해 줍니다

늘 그럼 하면서 허허 웃음 한 번 흘리며
늘 그럼 하면서 나를 더 내려놓고
늘 그럼 하면서 맨발로 갯벌 속을 걸으며
늘 그럼 하면서 제 몫의 아픔을 견디어 냅니다

그늘

—석록에게

참 좋구나
그 그늘
그렇게 말하며 그곳에 발을 디디네

봄숲처럼 반짝이는 그늘
가을 들녘처럼 넉넉한 그늘

문을 두드리면
마중을 나오는 발자국들

흰 발자국엔 정情이 쌓여 있고
푸른 발자국엔 꿈이 담겨 있네

딱 잠들기 알맞은 그늘이여
깊이를 잴 수 없는 그늘이여
〉

참 고맙구나

그 그늘

그렇게 말하며 그곳에 몸을 누이네

설날 아침에 · 1

60번째 착하게 살아보자고
다짐을 합니다

60번째 곱게 살아보자고
기도를 합니다

60번째 필 분꽃처럼
60번째 필 제비꽃처럼

명년에도
후 명년에도

다른 빛깔 아닌
그 빛깔로 피어나가를

떡국 같고 나물 같은
나의 사람들에게

〉

탕국 같고 숭늉 같은 사람이 되어 보자고

맹세를 해 봅니다

발길질

—남아공 월드컵 8강전에서 이동국의 슛

2010년 6월 26일 새벽
이 답답함을
흥,
누구에게
흥흥

십 년을 기다려 온 얼굴이 마르고 수염이 거친
한 사내의 발길질을
흥,
아니 헛발질을
흥흥

살다 보면
웬만한 일
흥,
다 용서하고 박수 치지만

흥흥

원망할 수도
박살 낼 수도 없어
흥,
이 아쉬움을 참고
흥흥

2014년 6월 브라질까지
이 안타까움을 안고 가기는
흥,
너무 힘들어
흥흥

고달사 폐사지에서

늙은 뽕나무 그늘 아래 앉는다

눈을 떴다 감고 감았다 뜬다

어디쯤에서 길을 버렸나

정신을 가다듬어 무엇하리

가던 길 더 가지 못하고

돌아갈 길은 멀기만 한데

빼꾸기 운다

지집 죽고 자식 죽고

나 혼자서 어찌 살꼬

〉

두 눈이 이내 그렁그렁해지고

뜬 눈 다시 감는다

숫돌

숫돌에 시간을 버리던 사내가 있었다
숫돌에 마음을 버리던 사내가 있었다
숫돌에 새벽을 버리던 사내가 있었다

마음 둘 곳 없어 일생을 입을 다문 채 낫을 갈던 사내
양손과 어깨로 필사적으로 날을 세우던 사내
시퍼런 시간이 흘러나올 때까지 돌을 갈던 사내

아버지 돌아가시고 이태 만에 찾은 송백리 704번지
육신의 짐을 벗어 던진 듯 나뒹굴어진 숫돌

산그늘이 내려오자 성큼성큼 대문을 들어서는 아버지
숫돌을 일으켜 세우더니 막무가내 낫을 가는 아버지

| 제4부 |

집

쪽진 머리로 가거나
빡빡머리로 가거나
밀양군 산내면 송백리 704번지

가는 곳도 704번지
오는 곳도 704번지
남는 곳도 704번지

냇가로 가자

냇가로 가자
냇가로 가자

성불은커녕
성불은커녕

천부당만부당
깨어진 꿈

팔만사천
백팔번뇌

고집불통의
몸뚱이로 버텨온

미망迷望의 세월
던져 버리러

〉

냇가로 가자
냇가로 가자

동행

만발한 배롱나무 붉은 꽃그늘
매미가 지천으로 울어 쌓던 날
화구火口를 열어준 사람
구만리 장천 같이 가자고 했다

이불 호청처럼 펄렁거리던 메밀꽃 사태
수천 수백의 잠자리 떼 붕붕거리던 날
굴뚝새가 되어준 사람
천년만년 같이 가자고 했다

배롱나무 붉은 꽃그늘이나
메밀꽃 사태 속에서나
이나 저나 줄 것도 받을 것도 없는
돌고 돌아가는 인연 같이 가자고 했다

사리

저 달을 따라 밤새 게걸음으로 걸었다

산보

햇빛 짱짱한 날 왼편의 나를 살짝 비껴두고 바른편의 당신이 조금 앞장서 걸었습니다

속보를 즐긴다는 당신에게 민망한 얼굴인 채로 나는 천천히 가자고 조르면서 찬찬히 늙은 왕벚나무의 숫자를 세었습니다

열 개의 벚나무를 지났을 무렵 편치 않은 내 다리를 보고 당신이 측은한 표정을 지으며 속도를 줄였을 때

천변에서 가장 이파리가 무성한 둥치 굵은 나무 같은 당신 속마음의 그윽함을 알았습니다

풍경이 맑고 짙을수록 우리는 밝고 명랑한 소리를 길어 날랐습니다

맥락도 없는 저녁이 오지 않았으면 좋았을 걸 하면서 앞서 가는 당신이 미안하지 않도록 나는 속 비명을 지르며 따라갔

습니다

이마에 진땀이 나고 등이 흥건히 젖었을 때 생의 고샅길을 어깨를 나란히 맞추고 걸어가야 할 사람이 누군지에 대하여 곰곰 생각해보는 저녁이었습니다

마을버스

버스에는 열댓 사람
열 사람은 앉아 가고
두 사람은 서서 가고
몇 사람은 졸고 가는

버스는 계속 가고 깎아 줄까 볶아 줄까 창조 미용실에서는 철없는 아이들 머리가 물들여지고
버스는 계속 가고 탕탕탕 벚나무집 사철탕에서는
아저씨들의 몸 한가운데가 부풀어지고

행복한 사람 행복한 이사 행복 익스프레스에 맡긴 나의 행운이 불행을 실어 오를 쯤 버스는 멈추고
천사 꽃배달서비스에서 다시 장미꽃 백만 송이가 내 품에 안길 때 버스는 다시 가고
이십사 시간 주야 간 운명 장례식장의 향냄새 나는 운수를 싣고 버스는 출발하고

버스에는 열두 사람
네 사람은 안경잡이
세 사람은 곱슬머리
두 사람은 새침떼기

별이 하나 지고 꿈이 하나 사라지는 날에도 널찍한 바퀴 자국을 남기며 버스는 계속 가고

조그마한 사람

삶의 그리움
맑은 살갗에 바르고
글썽이는 눈물
가는 목에 걸고
흰 셔츠에
감색 싱글 재킷을 입은
조그마한 사람
구월 바람에 환하다

윤기 나는 이마에
잇바디가 곱지만
귀밑머리 하나 둘
희어지고
정강이는 점점 서늘해 오지만
감색 싱글 재킷을 입은
조그마한 사람
구월 하늘처럼 말갛다

사례

우유를 마시다
그대의 온몸에 쑥부쟁이꽃을 피우네

그대는 마지막 찬스의
최종 공격수처럼 나에게 덤비네

다가올수록 물러서는 법을
애초에 나는 몰라서

초록의 잎으로 나를 물들이던
단단한 뿌리로 나에게 박히던

선택은 그대의 자유이므로
나는 그저 고맙다는 말만 할 뿐

사례 때문에 사례를 받을 양이면
그대를 쑥부쟁이 꽃밭으로 만들어야겠네

춘분에 쓰는 편지

어제는 종일 바람이 거칠었습니다
일없이 그 바람을 따라 들길을 걷다가 답청踏靑 나온 아이처럼
신나게 웃고 떠들고 노래도 부르면서 온몸이 젖도록 뛰어도 보았습니다
올처럼 외로운 봄날은 처음입니다

우한에서 날아온 역병 탓에 안방지기 된 지 벌써 달포가 지나갑니다
역병은 태평양을 건너 우랄산맥을 넘어 미국과 유럽까지 쑥대밭을 만드는 모양입니다
아무리 역마살이 낀 몸이라 할지라도 이 마당에 어디 들썩거릴 엄두가 나지 않습니다

그래도 당신이 오가던 길 밭둑에는
봄까치풀꽃과 애기똥풀 꽃다지 민들레가 고개를 내밀고 먼저 인사를 해 옵니다

지난겨울 폭설을 다 맞은 골짜기가 무너지지 않은 채 흘러
내리는 봄물 소리도 들을만합니다

꾸덕꾸덕 역병이 주저앉을 무렵 좋은 날 잡아 기별하겠습
니다
그때는 무겁고 슬픈 것들은 다 떼어놓고 헐렁한 차림 그대
로
한걸음 하신다는 소식 주시면 겨우내 아껴두었던 묵은지
를 꺼내 놓고
아궁이에 불을 지피겠습니다
그날까지 용케 견디어 내시기를 두 손 모읍니다
오늘은 봄빛이 아까운 날입니다
이만 맺습니다
총총

청명에 쓰는 편지

꿈을 꾸었습니다
꿈의 꼬리에서 깨어나 문을 열고 나왔습니다
담벼락에 참새 몇 마리 놀러 와서 재잘거립니다
하늘은 푸르고 맑은데 바람은 세고 차갑습니다
벚꽃은 이미 난장을 이루었고 오동은 이제 꽃망울을 틔웁니다
음지 양지 없이 숨어 있던 미물들도 제각각 모습을 드러냅니다
어젯밤 꾸었던 꿈에 연두를 칠해 봅니다
함께 휘파람을 불고 종주먹을 날리던 시절은 어디쯤 지나고 있을지 반쯤 눈을 감아봅니다
자연심을 유지하며 서 있는 저 나무들과
자유심을 가지고 재잘거리는 저 새들이 부러운 것은
내 평상심이 부족한 탓이라 여깁니다
점점 갇혀 있는 시간에 익숙해져 갑니다
지구촌을 뒤흔드는 코로나19는 언제 어디쯤에서 멈추게 될런지요?

봄도 없는 사월이 미끄러져 가고 있습니다
이만 줄입니다
총총

불면

이마를 찍고 가는
저 고양이 발자국

자작나무에게

—인제 원대리에서

자작자작 자작나무야 너 여기 있구나

너 보고 싶어서 자박자박 먼 길 걸어왔다고

너 싱글벙글 웃으며 온몸으로 반기는구나

바라보아도 좋고 만져 보아도 좋고 안아 보아도 좋은

나의 전생은 한 그루 나무로 서서 너와 함께 서 있는 일

자작자작 자작나무야 너 어디 숨지 말아라

바람의 말들이 지나가고 새들이 날개짓을 멈춘

고요에 이른 지금 숨죽인 채 말해보자

우리 헤어지지 말자고 우리 떨어지지 말자고

셔틀콕을 치면서

셔틀콕을 칩니다
간절함을 실어 멀리 날립니다
한사코 죽지 않고 돌아온 콕을 다시 살려 보냅니다
긴 포물선을 그리던 콕이 비수가 되어 날아옵니다
비상하는 기쁨과 추락하는 슬픔이 함께 합니다
공空을 때립니다
생生을 내리칩니다

사각의 코트는 주는 만큼 되갚아 줍니다
무엇을 주고 무엇을 받을지
어떻게 때리고 어떻게 넘길지 고민합니다
상대 코트의 빈자리와 안전지대에 대해
속임수와 복선을 깔고
저 너머 세상에 콕을 떨어뜨려야 합니다
되로 주고 말로 받습니다
준 것을 고스란히 돌려받습니다
애초에 요행은 없습니다

이겼다 지고 지다가 이깁니다
사각의 코트에는 구석구석 비정이 나뒹굽니다

셔틀콕을 칩니다
절실함을 담아 길게 날립니다
아직 살아 있는 콕이 춤을 춥니다
넘어갔다 다시 오고 결국엔 떨어집니다
나서 죽고 나서 죽는 삶이 여기 있습니다
공空을 때립니다
생生을 내리칩니다

겨울 두견이

집도 절도 없는 몸으로
우천면 산전리 누님 댁으로 찾아드네

흔들리는 몸이 헐렁거리는 마음을 끌고
늦은 저녁 나물밥을 먹는데
헐거워진 잇새로 밥알이 드나드네

산사람이 다 되어버린 매형이 따라주는 소주가 몸을 덥게 하네
세상살이 이럴 때도 저럴 때도 있지만
죄는 짓지 말라는 말씀에 눈물이 나네

한겨울에 웬 두견이 우는 소리가 나고
나도 두견을 따라 우네

밤새 사무치던 두견이 울음에
삐꺽거리는 내 운명이 정처 없이 떠가네

옻

내 몸 구석구석 대춧물이 들던 날
내 가슴 그리운 등불 하나 켜졌습니다

그 등불 꺼질 때까지
순한 짐승이 되어

불탄 자리에 핀
모란 몇 송이를 먹어치웠습니다

|해설|

경이로운 것들에 대한 경의敬意

—손제섭의 시세계

고명철 | 문학평론가·광운대 교수

1.

환갑을 맞은 손제섭 시인은 '시인의 말'에서 "지난날의 경이驚異에 경의敬意를 표하고/오늘은 이 무덤덤함을 찬탄한다."고 나지막이 읊조린다. 문득, 궁금하다. 시인에게 과거는 어떤 것들로 이뤄져 있기에 경이로우며, 또 그 경이로운 것들의 속성은 어떤 것이기에 존경스러움을 동반할까. 그리고 이러한 과거를 겪어온 시인에게 현재는 요란법석을 떠는 삶의 난장과 거리를 둔 '무덤덤함'을 자아내고 있는, 그래서 생의 활력이 스러진 것처럼 보이지만, 시인은 도리어 이 "무덤덤함을 찬탄한다." 사실, 손제섭의 이번 시집을 감싸고 있는 시적 상상력은 시인의 개별 경험이 녹아 있는 과거의 숱한 삶들 사이에 오롯이 놓여 있는 작은 것에 대한 경이로움과 그것이 지닌 값진 가치를 발견하는 현재적 삶의 '무덤덤함'이다.

2.

그런데, 시인의 이러한 시쓰기는 말처럼 결코 쉽지 않다. 현대의학이 발달한 근래 건강을 잘 유지할 경우 누구나 생물학적으로 환갑을 맞이하되, 중요한 것은 환갑에 이르는 삶의 내공을 잘 벼리고 있는가 하는 문제는 또 다른 문제이리라. 하물며 시쓰기와 연계시켜 이 문제를 곰곰 숙고해보면, 손제섭의 이번 시집을 음미하는 포인트라 해도 과언이 아니다. 이것은 가령,

> 가을 햇살 좋은 날
> 그 나무 아래 섰습니다
> 내 머리카락에 내린 세월이 그 나무에도 왔다 갔는지
> 예전의 푸르고 찬란한 모습은 오간 데 없었습니다
> 나는 늙은 두보처럼
> 그 나무 아래 가만히 눕습니다
> 그 나무는 마치 어미처럼 내 얼굴을 쓰다듬으며 어디 아픈

데는 없냐고 묻습니다

'없어'라고 말꼬리를 내리는 순간 지나간 삶의 마디들이 툭툭 일어납니다

일부러 그런 것도 아닌데 사지를 뻗고 누운 귀 뒤로 눈물이 흘러내립니다

—「법주사 보리수 나무」 부분

에서 마주하는 시적 화자 '나'의 모습에 투영돼 있다. 시적 화자 '나'는 "가을 햇살 좋은 날" 보리수 나무 아래 서 있다가 눕는다. 그리고 나무로부터 삶의 위안을 받는다. 그 나무는 '나'의 모든 일거수일투족을 다 아는 듯, 무엇보다 "그 나무는 마치 어미처럼 내 얼굴을 쓰다듬으며" '나'의 흉허물과 상처를 두고, "어디 아픈 데는 없냐고 묻"는다. 그러자 '나'는 마음에 없는 부정어린 단말마를 툭 내뱉고 내뱉자마자 "귀 뒤로 눈물이 흘러내"린다. 비록 '나'는 시쳇말로 인생에서 산전수전공중전을 다 겪은 채 어지간한 인생의 고통과 상처에 끄떡하지 않는 '나무'로 성장했지만, 기실 "나는 늙은 두보처럼" 과거의 아픈 상처를 진솔히 체감하면서 그것을 '나'의 삶의 전부로 사랑하지 않을 수 없는 지극히 순정어린 보통 사람일 뿐이다. 그렇다. '나'가 '늙은 두보'의 처지에 있다는 것은 가볍게 넘겨볼 수 없는 시인의 현실을 능청스레 암

시한다. 손제섭 시인에게 '늙은 두보'는 오랜 세월 고향을 떠나 이방에서 삶을 보낸 이가 고향을 그리워하면서 자신의 파란만장한 삶의 곡절을 유소년으로 돌아가 고향으로 환기되는, 다시 말해 고향이 품고 있는 생의 근원적 아름다움을 회복하고 싶은 시적 퍼스나인 셈이다. 이 간절한 시적 바람은 그동안 켜켜이 쌓여둔 시적 화자의 그 무엇을 격발시킨다. 따라서 "귀 뒤로 눈물이 흘러내"리는 것에 담긴 시적 진실을 헤아리기 위해서는 '늙은 두보'와 동일시되는 '나'의 이 같은 간절한 시심을 곰곰 숙고할 것을 요구한다.

그래서인지, 시집에는 시인의 유소년 시절 고향에서의 일들이 생동감 있게 보여진다.

왜 자꾸 이 일은 안 잊히는지 몰라
석 달 열흘 비 구경을 못해
소금쟁이 물거미 미꾸라지도 숨어버리고
녹음방초 요란하던 논두렁조차 말라버린
용짐등대 사래 긴 우리 논을 지나
초등학교 이학년 학교 갔다 오던 길
봇도랑으로 물이 콸콸 흘러와
갈라진 논바닥 새들새들한 어린 모들
땡볕에 꽁꽁 막혀 있던 물꼬를

얼굴이 벌겋게 익는 줄도 모르고 열어놓고 집에 왔는데

컴컴한 마루에서 식구들이 수제비를 훌쩍거리는 저녁
불콰하신 아버지
안마당으로 발을 들여 넣기도 전에
'낮에 등대 논에 누가 물 댔노'
수건을 벗어 탁탁 틀며 못들은 척 마당으로 내려서는
어머니와 누나도 형도 모르는 얼굴
'학교 갔다 오다가 지가 했는 데예' 흐려지는 말꼬리
'섭이 니가 했더나'
'니가 진짜 농사군 아들인기라'
매캐한 모깃불 연기 속에 아버지의 흡족한 얼굴

'벌금으로 내 막걸리 열 말을 내면 어떠노'
'내 논에 나락 안 죽는 게 낫지'
아버지의 호기 어린 목소리 뒤로
'막걸리 두 말이 대수겠어요'
'이렇게 새끼 커가는 보람이 있는데'
조용조용 들리는 어머니 목소리에
가물가물 잠 속으로 빠지는 순간
갑자기 별똥별이 한 아름 쏟아져 내리던
푸르고도 환한 그 밤

—「논물 대기」 전문

시골에서 유소년 시절을 보낸 시인의 삶의 한 풍경 자락이 펼쳐져 있다. 어찌나 이 풍경이 살아 있는지 위 얘기를 소재로 취한 전원드라마 중 한 장면이 선명히 그려질 정도이다. 시의 내용에 충실하자면, "초등학교 이학년"이었던 시적 화자는 하굣길에 논의 물꼬를 텄는데, 아버지는 이런 '나'의 행동에 매우 흡족해하면서 '나'를 "진짜 농사군 아들"로 칭찬하였다. 아버지는 얼마나 기분이 좋았던지 그날따라 평소보다 막걸리에 대취하여 '나'의 논물 댄 행위로 인해 나락이 죽지 않겠다고 농민으로서 안도감과 기대감을 가족에게 마음껏 드러낸다. 유소년 시절의 이 단면은 우리네 농촌의 흔한 풍경 중 하나일 수 있다. 그런데, 이 풍경은 '나'에게 지극히 개별적인 것이되, 이 풍경에는 생의 근원적 아름다움이 숨 쉬고 있다. 그것은 초등학교 이학년밖에 안 되는 어린 학생의 논물 대는 행위가 아버지를 감동시킨 이유에 있다. 표면상 아버지는 농사짓기를 직업으로 간주하고 있어 어린 자식의 논물 댄 행위로부터 농사를 망치지 않았다는 안도감과 풍요에 대한 기대가 있다. 이와 함께 우리가 헤아려야 할 것은 "내 논에 나락 안 죽는 게 낫지"라는 아버지의 말 그 이면에는 자연 생태계의 엄연한 질서를 누구보다 잘 알고 있는 농민의 한 사람으로서 "갈라진 논바닥 새들새들한 어린 모들/땡볕에 꽁꽁 막혀 있던 물꼬를" 누가 전문적으로 가르쳐주지 않더라도, 절로 무엇을 어떻게 하는 게 자칫 죽어가는 어린 모들을 살릴 수 있는지를 단박에 알아채는 생태적 리듬을 수행한 어린 자식에 대한 기쁨을 만끽하고 있다는 사실이다. 갈라진 논바닥을 그대로 지나칠 수 없는 어린 애의 생명을 향한 순정이야말로 아버지의 마음을 기쁨에 대취하도록 한 것이다.

3.

이렇듯이 유소년 시절 시인의 고향을 향한 기억은 낭만적이면서 그 낭만성 안에는 시나브로 우리네 삶에서 훼손되든지 망각되고 있는 생의 근원적 아름다움이 깃들어 있다. 여기 또 다른 한 편을 음미해보자.

> 학교 파하고 팔풍 장터 지나 집에 갈 때 손가락에 걸어 빙빙 돌리다 봇도랑에 빠져 버린 모자
>
> 용전다리 십 리를 지나 남천강변 쑥덤불 밑에서 잠시 쉬었다 남태평양 한가운데까지 닿아 민들레 홀씨 타고 명왕성까지 올랐을 모자
>
> 어떤 날은 벼락을 맞아 내 심장처럼 검게 탔을 모자 서러운

사람 서러운 사연 낱낱이 담아 대신 울어주었을 모자

구만九萬 재 넘어 소풍 가던 봄날 툭 터진 두릅나물을 따 담아 푸른 아지랑이로 덮어둔 모자 다시 한 번 써 보고 싶은 그 모자

—「모자」 전문

대체, 어떤 모자이기에 이토록 모자에 대한 그리움으로 애가 탈까. 시골에서 성장한 시적 화자에게 모자에 대한 사연을 우리에게 들려주고 싶을 만큼 그때, 그곳에서 각종 용도로 사용됐던 모자는 시인의 유소년 시절의 아름다운 한 때를 소중히 붙들고 있다. 이 모자와 함께 한 아름다운 추억들—하굣길 봇도랑에 빠지기도 하고, 남천강변에서 자유로운 상상의 나래로 우주에까지 날아가기도 하고, 벼락을 맞아 거의 죽을 뻔하기도 하고, 소풍날 봄나물이 가득 들어있기도 하는 등 이 모든 유소년 시절 모자에 얽힌 회상은 회상 자체로서 머물지 않고 시인에게는 간절히 회복하고 싶은 생의 아름다운 그 무엇이다.

이쯤에서, 우리는 묻자. 시인의 이러한 시적 바람은 갑자기 생겨난 게 결코 아니듯, 어떤 생의 극적 계기를 겪었기 때문일까. 이것은 바꿔 말해 어떤 시적 경이로움을 그 나름대로 포착했기 때문일까.

어느 생 어느 쯤에
그렇게 불타오르던 날이 있었던 것을
아무것도 아닌 것이 되어서 사라져버린 것을
이 비는 안다

—「장마」 부분

순대국에 밥 말아 먹고
소맥잔에 입을 행구며
하시는 말씀이 아름다워라
어두컴컴한 이눔의 세상
몇 날 며칠 공을 쳐도
삼시 세끼 밥만 굶지 않으면 복중에 제일 복인데
맑고도 은은한 날 다시 와서
세상살이 모든 걱정
이 순대국처럼 푹 삶아 낸다면
어제 죽은 놈 다시 살아나겠네

—「돼지부속을 먹으며」 부분

비 그치자
꽃 진 자리에 서서
입김을 불어 봅니다

적막의 틈새로

새잎이 돋아납니다

—「새잎」 부분

손제섭 시인의 통찰은 이번 시집에 수록된 시편들에서 두루 살펴볼 수 있듯, 낮고 소박하다. 어떤 엄청난 것을 새롭게 발견하는 그런 통찰이 아니다. 비루하고 지루한 일상을 겸손하게 사는 과정에서 때로는 넌지시 때로는 슬그머니 곁시선을 두는 가운데 문득 자연스레 포착되는 생의 아름다움이다. 한여름 장마철 시인은 시도 때도 없이 지상에 곤두박질치는 지루한 장마비 소리를 들으며 통찰한다. 이 지루한 장마가 언제까지 마냥 계속되지 않을 것인바, 언젠가 "아무것도 아닌 것이 되어서 사라져버린 것"들처럼 이내 사라질 것이고, 이 지극히 평범한 사실을 장마비는 잘 안다(「장마」). 인생사도 다를 바 없다. 아무리 "어두컴컴한 이놈의 세상"이지만, 장마가 개이고 햇살이 비추듯, "맑고도 은은한 날 다시 와서/세상살이 모든 걱정"은 마치 푹 끓인 순대국을 들이킨 후 생의 기운을 얻듯, 그렇게 생은 지속될 것이다(「돼지부속을 먹으며」). 여기에는 우주적 생명의 경이로움이 연출되는 것을 시인이 주목하고 있기 때문인데, "비 그치자/꽃 진 자리" 바로 그곳에서 "적막의 틈새로/새잎이 돋아"나는 우주적 생명이 탄생하고 있는 경이로운 순간을 시인은 놓치고 있지 않다(「새잎」). 강조하건대, 이 모든 일련의 시적 통찰과 생의 경이로운 도정은 시인의 저 낮고 소박한 일상으로부터 가능한 것이다.

4.

그런데, 시집을 읽으면서 자꾸만 눈에 밟히는 존재가 있다. 시적 화자의 아버지가 미치는 삶의 파장은 자못 크다. 앞에서 「논물 대기」를 통해 아버지 존재의 면모를 살펴보았듯이, 이번 시집에서 좀처럼 잊혀지지 않는 존재는 바로 시적 화자의 아버지이다.

> 열이 삼십구 도 오 부를 오르내리시던 아버지 허연 저승길이 보이시던지 미루고 망설이던 말 하나둘 내보이시는데
>
> 시방 소를 몰고 뒷밭에 나가시는지 소 울음소리를 내시다가는 닭을 팔러 장에 갔다 오시는지 장닭처럼 푸들거리시는데
>
> 으스름 때쯤 거나한 약주 냄새를 풍기며 나들이 갔다 돌아오실 때처럼 언제나 그랬듯 큰 누나를 먼저 부르시는데
>
> 〉

두루마기자락에 매달려 눈깔사탕을 받아먹던 막내가 살구나무 아래서 발을 동동 구르며 부르는 단말마 '아부지이'

노을 속으로 슬슬 뒷짐을 진 채 아래 논배미로 물꼬를 낮추러 나가시는 아버지

식구들은 해 질긴 모내기 철 윗 논배미에 가득한 개구리 소리 같은 울음보를 터트리는데

—「유언」 전문

아버지의 임종을 지키는 숙연한 장면이다. 저승길을 앞두고 있는 아버지의 마지막 모습은 살아생전 아버지의 삶 속에서 곧잘 목도되는 모습들이다. 그런데 흥미로운 것은 시인이 아버지를 재현하는 데 가축의 소리와 모습을 흉내내는 아버지를 재현하고 있다는 점이다. 그만큼 아버지는 자신의 삶터에서 생활에 밀착해 있었고, 저승길에 미처 그러한 이승과 맺은 모든 것들과 인연의 사슬을 쉽게 끊어내지 못하고 있다. 시인은 아버지의 이 마지막 모습을 매우 구체적 실감으로 재현하고 있다. 그러면서 아버지와 얽힌 누나와 자신의 경험의 한 자락을 포개 놓으며, 아버지의 임종을 맞이하며 "논배미에 가득한 개구리 소리 같은 울음보를 터트"린다. 이것을 두고 경이로움이 간직

한 시적 감동이라고 하는 것일까. 아버지의 임종을 맞이하는 이 장면은 다른 임종 장면과 사뭇 다르다. 죽어가는 자에 대한 어떤 가식적 모습 없이 살아있는 것들과 이별하는 삶의 진실된 모습이 다소 투박한 리듬으로 한 편의 시를 구성하고 있다. 농사에 전념한 아버지의 임종은 죽는 순간까지도 가축의 모습과 소리를 흉내내는 것 속에서 삶의 경건함마저 절로 자아내도록 한다. 때문에 "개구리 소리 같은 울음보", 즉 가족의 울음보는 아버지의 살아생전 소리들과 묘하게 공명하면서 죽음과 단절하지 않는 생의 또 다른 근원적 아름다움을 환기시켜 준다.

그래서일까. 손제섭 시인은 어쩌면 그의 무의식 심연에 아버지 존재가 자리하고 있어, 환갑을 맞이하여 어쩌면 그의 아버지 존재를 다시 새롭게 발견하고 있는지 모른다.

숫돌에 시간을 벼리던 사내가 있었다
숫돌에 마음을 벼리던 사내가 있었다
숫돌에 새벽을 벼리던 사내가 있었다

마음 둘 곳 없어 일생을 입을 다문 채 낫을 갈던 사내
양손과 어깨로 필사적으로 날을 세우던 사내
시퍼런 시간이 흘러나올 때까지 돌을 갈던 사내

아버지 돌아가시고 이태 만에 찾은 송백리 704번지
육신의 짐을 벗어 던진 듯 나뒹굴어진 숫돌

산그늘이 내려오자 성큼성큼 대문을 들어서는 아버지
숫돌을 일으켜 세우더니 막무가내 낫을 가는 아버지

—「숫돌」 전문

시인은 아버지 죽음 후 고향을 찾는다. 그곳에서 그가 마주한 것은 아버지의 삶 복판에서 아버지의 인생을 갈고 갈았던 '숫돌'이다. 얼마나 많은 농기구들이 아버지의 '숫돌'에서 벼리고 벼려졌을까. 시인이 묘사하듯, 아버지는 "양손과 어깨로 필사적으로 날을 세"웠고, "시퍼런 시간이 흘러나올 때까지 돌을 갈"았다. 이렇게 고향에서 아버지의 '숫돌'을 회상하는 것은 '시간'과 '마음'과 '새벽'을 벼리던 순정한 사내의 전 생애를 진심으로 이해하고 싶었고, 그것은 달리 말해 아버지 존재에 투영된 시인의 삶에 대한 성찰에 이른다.

갈수록 우리네 삶이 부박浮薄해진다. '숫돌'에 정성스레 벼리는 삶의 고충을 소중히 여기는 것보다 빠른 속도로 효용성을 추구하며 만족하는 삶의 풍속이 대세를 이루는 모양새다. 손제섭 시인의 「숫돌」을 재음미해보면서 우리네 부박한 삶을 시인과 함께 되돌아본다.